**Salimata Traore Rawlings**

**Notre-Dame de Paris**

Salimata Traore Rawlings

# Notre-Dame de Paris

Poésie

Éditions Muse

**Imprint**



Cover image: www.ingimage.com

Publisher:
Éditions Muse
is a trademark of
International Book Market Service Ltd., member of OmniScriptum Publishing Group
17 Meldrum Street, Beau Bassin 71504, Mauritius

Printed at: see last page
**ISBN: 978-620-2-29417-1**

# Table des matières

NOTRE-DAME DE PARIS

NOTRE-DAME DE PARIS

**Notre Dame de Paris s'inscrit sur un continuum d'adoration**

**Œuvre dont l'esthétique est un tableau qui factorise l'expression**

**De siècles de dévotion autour de symboles de foi, de connivence originelle**

**Faisant le point sur les valeurs de spiritualité annihilant les péchés véniels**

**La foi est qualité révélatrice de soi, qui réunit ; à l'opposé du néant qui isole**

**Elle est espace vital pour la construction de soi et contre le mal qui désole**

**Edulcorant les conflits et les souffrances par le sacrifice du fils sur la croix**

**Une borne-fontaine, un trésor 'Aie pitié mon Dieu !' Pierre donne de la voix**

**Tout le monde est faillible; Pierre avant le coq même a renié le Christ trois fois**

**La religion est compassion et miséricorde ; le pardon ; c'est combien de fois ?**

**Mathieu dit que Christ ne le prône pas sept fois mais sept fois soixante-dix fois**

**Le salut demande de l'abnégation et pour Sainte Marie la compassion est loi**

**Elle ; Mère Notre-Dame par cela creuse le désir de Dieu pour une totale foi**

**En la résurrection, au pardon de nos péchés et à la force de lutter pour la loi**

**Ces valeurs du Nouveau Testament prônent la tolérance dans la pluralité**

**Face aux épreuves, résister à la tentation et renaître en Christ sans pénalité**

**Depuis plus de huit siècles, la valence spirituelle mariale est inégalable**

**L'influence unificatrice de son église sur la France est incomparable**

**Au tournant des grands évènements, elle ferme la scission pour la cohésion**

**Elle a prétention à l'universalité par ses émules plurielles dans la confession**

**De la faiblesse de l'humain qui recherche raffermissement dans la foi**

**Celle qui déplace les montagnes ; tant la prière confère force de bon aloi**

**Notre Dame de Paris eut en 1163 la pose de sa première pierre**

**Et on croit entendre 'je construirai mon église sur cette pierre !'**

**Une métaphore de solidité et une symbolique de l'apôtre, Saint Pierre**

**Cette première pierre fut suivie par tant d'autres avec tant de prière**

**Que la noble Cathédrale en deux cents ans de labeur fut lieu de culte**

**Elle le fut toujours mais ce fut la fin des travaux, comme son âge adulte**

**Sinon, elle ira de rénovation en embellissement comme sainte adulée**

**Chacun y rapporte son trésor et sa touche particulière ; en épée effilée**

**Elle accueillit le sacre de Napoléon en grandes pompes et fière**

**Déjà catholique par tradition exaltant un mystère rapport en cette ère**

**Rassemblant les hommes face à l'histoire, Cathédrale on s'émeut de sa bute**

**Toujours disponible en bonne mère pour consoler ses enfants, parer la chute**

**Le christianisme proclamé déclare l'intégrité de la rationalité de l'adoration**

**C'est le génie d'une culturalité issue d'un emblème d'art gothique en religion**

**La chrétienté demeure souvent un athéisme catholique culturel omniprésent**

**Qui rassemble les gens de toute part selon la vraie bonté de cœur à présent**

**Et dont les schèmes infusent tous les actes de la vie par référence biblique**

**Alors que l'athéisme gagne du terrain ; avec le progrès reste la symbolique**

**De rites, sinon les concepts présidant la vie spirituelle sont judéo-chrétiens**

**Notre-Dame acquiert ainsi une valeur universelle de cohésion et de liens**

**Avec des controverses fondamentales mais une sécularisation de la vie**

**L'angoisse contraint, la prière libère et polarise le débat de Dieu à l'envi**

**Qui transporte quand même tout le monde sur le Parvis de Notre-Dame**

**Le désir d'échange instaure dialogue, délire d'ego et joute verbale sans lame**

**Guidé et canalisé par une culture à constellations discursives mais courtoise**

**Par le jeu complexe d'importation et d'appropriation de la voie sans noise**

**Où la trajectoire religieuse chrétienne guide cosmos en culture globalisante**

**Même chez ceux qui proclament le non-lieu de la foi comme vie aguichante**

**La religion devient ainsi donc un phénomène de surface pour l'athée**

**Mais comme le montre l'élan pour Notre-Dame c'est la tasse de thé**

**De tout le monde quand il s'agit de la vieille Dame de pierre en fait**

**C'est d'une aura qui s'étend et s'amplifie au cours des siècles de fait**

Pour faire de la vieille Dame la coqueluche du monde, de tous ces touristes

Damant le macadam de la noble Cathédrale traçant dans les cœurs des pistes

Pour plus d'humanisme mais pas sa parodie parce que c'est le cœur sincère

Et par le souci de l'universel, les personnes s'ouvrent et jouent en cette ère

La convergence vers un culte édulcoré n'est pas le souci mais la communion

Vue comme adhésion volontaire à une approche de respect-partage en union

Sacrée qui craque pour chrétiens, athées, musulmans dans une égalité rayon

Qui rassemble jusque dans les temples bouddhistes et shintos du Japon

L'Asie, l'Europe, l'Océanie, l'Amérique et l'Australie ont du Christ l'analogon

Reflet de l'être humain dont la valeur dans les yeux de l'autre est vrai don

Pour un lieu emblématique qui s'impose avec beaucoup de noblesse

On y vient solennel pour Noël ou pour Pâques en quête de sagesse

Pour une vénération du sacré et du profane par un élan de spiritualité

Elle plaide l'harmonie psychique ainsi qu'une symétrique accessibilité

Elle est de tous les combats de reviviscence et depuis toujours d'une culture

La religion vient afin de saisir les vraies intentions éthiciennes de la nature

Le sermon du prêtre est valeur existentielle assujettissant le particulier

A l'intérêt général garantissant la coexistence et le respect séculier

Cathédrale médiation humanitaire et sociale de tous les peuples comme un

Elle écoute les peurs, rancœurs afin de gagner la confiance de tout un chacun

Les rêves s'articulent autour d'images, icônes et peintures qui font des saints

Psalmodiant textes neutralisant l'apocalypse, le chapelet n'est jamais vain

Symboles déclencheurs d'une spiritualité créatrice d'attitudes de tolérance

Elle change par l'introspection privilégiant modalisation de l'interdépendance

Le culte est intégrateur adaptant l'appréciation prodigue par une subjectivité

Conjuguant prières extraordinaires et foi offrant une étonnante fonctionnalité

Les perceptions singulières s'arrosent de liberté de choix et échappent sûres

A la dictature de l'extrémisme en créant des ancrages de clémence bien pure

Notre-Dame c'est une saga de plus de huit siècles dévots, d'indulgence

Edifiée sur un temple Gallo-Romain dit-on mémoire de la divine providence

Réminiscence insolite du passé expressif de Catholicos, Papes et Nonces

On souscrit à une mission d'évangélisation et au salut jamais on ne renonce

Notre-Dame de Paris est enseignement et mémoire des siècles nomades

Elle a présidé le mariage de Marguerite de Valois et d'Henri IV en chamade

Le Vatican, épicentre de la religiosité catholique en fait basilique mineure

Et son prestige rejaillit sur toute la chrétienté jusqu'en Asie Mineure

Elle demeure le vecteur de réunion de fidèles, idéal lieu

A la nef remplie de paroissiens en dévotion envers Dieu

**Victor Hugo a charmé tout à la ronde par son épopée de gloire espiègle**

**Qui joue sur les cœurs l'hymne de l'amour reconquis d'un nid d'aigle**

**De la générosité comme une fontaine de jouvence d'amour qui gicle**

**Notre-Dame ce sont les grandes occasions ; symboles marqueurs de siècle**

**Elle est souvenir des évangiles et reconstitue les évènements d'envergure**

**De la chrétienté ainsi qu'une mémoire épisodique avec toutes ses nervures**

**Résurgence émotionnelle d'évènements marquants qui tuent la décadence**

**Elle unit et devient attachante par une mémoire des lieux anti dissidence**

**Dévoile les potentialités de l'être humaniste et chrétien pour l'harmonie**

**La religion a en certains temps frôlé le chaos par les divisions ; l'agonie**

**Aussi, convertir, c'est civiliser ; rendre apte pour la civilitas en civilis**

**Pour un principe fondamental de dignité qui jamais personne n'avilit**

**Monseigneur de Paris de l'église Saint Eustache**

**Dans son Homélie a prononcé des mots qui rattachent**

**A la communauté, il dit que le Saint Sacrement est plus que 'morceau de pain'**

**Il est alors désir de perpétuation d'un culte d'amour et de tolérance sans fin**

**Les identités particulières gagnent en accord pour une culture consensuelle**

**Notre-Dame est accueil et écoute des touristes même au cœur des ruelles**

**Ses prêtres continuent l'œuvre de Marie, Jésus et de Joseph sans désaveu**

**La foi des bâtisseurs persévère par une alliance de génie, énergie et vœux**

**De perpétuer partout l'objet précieux qu'est la parole de Dieu**

**'Vous l'avez sauvée cette parole' a dit aux sapeurs l'Homme de Dieu**

**Et leur a offert une des bibles : 'pour qu'il soit dans votre trésor à vous !'**

**Bel hommage au Général Gallet, Sapeurs de Paris, tous au garde-à-vous**

**Sauveurs de la Cathédrale ont réitéré la profession de foi, croire au fils unique**

**Au sens fondateur de l'expression de service, un sacerdoce, un élan éthique**

**De la persévérance dans le généreux don de soi à la congrégation**

**Refaire l'unité morale autour de la Cathédrale en tant que Nation**

**'Ton corps, l'église dont nous sommes le cœur vivant' est communion**

**Reconstitution spirituelle de la Cathédrale Notre-Dame qui tisse les relations**

**Egrener le chapelet est signe de foi pour de prodigieuses intercessions**

**Le message de Monseigneur Aupetit aux parisiens est celle d'espérance**

**Prières pour rebâtir 'Notre église en ruine' au-delà des larmes, persévérance**

**Père Fournier aumônier des Sapeurs est allé chercher le 'Corps du Christ'**

**Il porte l'empreinte de l'amour du prochain sans lequel celui de Christ**

**Ressort affadi car il anime le feu de la vie éternelle par foi du prochain en rites**

**L'interprétation des valeurs est articulation des différences non hypocrites**

**Entre polyvalence et flexibilité, elle s'absorbe dans baptême et messe**

**Et dans le tourbillon romanesque des mariages et des kermesses**

**Dressée dans le ciel parisien, elle est vie que les siècles se font et enjaillent**

**La Cathédrale qui est paysage de Paris, de canons qui alors s'enraillent**

**Laissée souvent décrépie par la guerre ; elle est recréée, restaurée en 1844**

**La deuxième guerre mondiale la met à genoux et elle relève la tête en 1944**

**Dans une thématique religieuse où la culture chrétienne ordonne la vie**

**Quand la guerre a fait tant de mort innocente et institué une survie**

**On crie 'un plus jamais ça' suivi de résolution et d'invocation du Seigneur**

**Afin qu'il sauve l'humanité de l'absurde car le Christ est paix et rédempteur**

**Notre-Dame est réunion spirituelle autour des vaillants héros nationaux**

**Qui ont servi la Nation avec courage et bravoure sous tous les préaux**

**De Gaulle et Pompidou ont fait leurs adieux au monde de cette Cathédrale**

**Notre-Dame dialogue en mode jargon, se reconnaitre du même Dieu, on parle**

**Miséreux des lampions trouvent vecteurs raseurs de leurs maux sur le parvis**

**Dans une dynamique interactive truffant d'émois les protagonistes de la vie**

**L'énigme est au cœur de la dévotion du monde oint de dévotion multiple**

**La foi est vrai potentiel de miséricorde qui récompense tout au centuple**

**Mitterrand a drainé le politique, le social et le culturel dans une ronde d'adieu**

**Signant une allégeance spirituelle protectrice convoyant une crainte de Dieu**

**Anne Anémone et Chirac l'ont accompagné ; caducéateur pour l'autre monde**

**Entre gravité et mystère, Notre-Dame est système d'articulation ; une sonde**

**Au-delà de la vie monastique, le Seigneur indulgent, médiateur indispensable**

**De fidèles de l'immense vestiaire qu'est ce cosmos ; pour un destin honorable**

**Rend perceptible par petites magies les secrètes vibrations de l'âme**

**Par la foi on voudrait humaniser, rassurer et solidariser sans drame**

**La paix s'intègre aux manifestations de religiosité pour adoucir les sentiments**

**La sérénité dérive du céleste et la prière s'adopte comme un fameux liniment**

**Tissant une concorde entre les extrêmes dans la méditation en Notre-Dame**

**Dont la valeur ne se dénie pas ; traversant les siècles, elle est la vieille Dame**

**Elle recueille les interrogations inquiètes des humains et tant ;**

**Dans une conquête des cœurs le dimanche et de tout temps**

**La messe, c'est une spiritualité soucieuse d'absolution, de cohérence**

**Mais aussi de signification vitale pour notre bien-être, paix et chance**

**Dans un schéma de vie qui modifie l'être pour le rendre plus humain**

**Sa capacité éclairante s'ancre dans ses traditions mariales de chemin**

**A l'homme loup pour l'homme ; au lieu que chacun porte sa croix, sa foi, sa loi**

**Le combat de vie devient croisade ; tous contre le mal, une nécessité des fois**

**Pour souscrire à un ordre social, spirituel et contrer la radicalisation**

**Détruire la perverse logique de hiérarchie des peuples pour la ration**

**D'une manne spirituelle cohésive et porteuse de paix en interaction**

**La désagrégation des valeurs se contre par une interrogation qui sacralise**

**La convergence vers l'église contant l'histoire d'amour de Jésus qui élise**

**La Cathédrale célèbre de sa bienheureuse mère Marie qui s'éleva aux cieux**

**A l'Assomption comme tremplin de sainteté et d'essor de la foi ; vers mieux**

**Contre l'obscurantisme et pour la croyance en la cène et en la résurrection**

**Notre Dame de Paris s'approprie l'idéal de réunir les êtres en application**

**Des préceptes de Christ qui avant sa croix a décrété 'ceci est mon corps'**

**Et 'ceci est mon sang' afin de promouvoir pour tous la vie éternelle, un sort**

**Enviable par la transsubstantiation qui nous mène au paradis, à bon port**

**Entre métaphysique et spiritualité, c'est de l'individu au social notre fort**

**Semble dire le feu, épreuve de vie source d'expérience et de cohésion**

**Qui fait le point sur les valeurs qui soudent la pluralité en diversité raison**

**Pour l'ubiquité de la consubstantiation d'Afrique on est en parfaite harmonie**

**Avec ceux d'Asie, d'Orient et d'Occident conviant tous à la joie, l'euphonie**

**Mais aussi d'Amérique Latine et de toutes ces îles tremplin de Paul vers Rome**

**Prêchant la concorde et l'amour du prochain depuis Adam et la pomme**

**Nous sommes avec Jésus partout, tant la mémoire est dans le pain de la cène**

**C'est pour tous ces miracles quotidiens que Notre-Dame a besoin de mécène**

**Pour une nomenclature novatrice ; rêve confraternel autour de l'eucharistie**

**Elle est éducation qui intériorise le vivre-ensemble en sainte philosophie**

**En offrant sa maison pour la persévérance dans l'apprentissage en cité**

**De la tolérance par un cœur chrétien qu'elle guide avec simplicité**

**Ton culte offre un concentré de bonheur sur tous les bahuts**

**L'être s'interroge sur sa finalité et prie en ton sein pour son salut**

**Le ballet traditionnel des chérubins garantit de belles émotions**

**Pour l'harmonie des valeurs culturelles ; soyons tous en communion !**

## Notre-Dame Symbole

**Pour le solennel, Notre-Dame draine du monde sur son parvis**

**Elle est pourtant attraction du ludique par les tour-opérateurs pardi !**

**Imposante ; à sa cime sa flèche, elle est image symbole de Paris**

**Ayant tenu le flambeau du culte chrétien pour plus de huit siècles le pari**

**D'accueillir et de consoler en tout temps l'être humain sans charivari**

**Les tourbillons de pouvoir et de frondes ne l'atteignent guère sauf avis**

**Pour lequel le confessionnel se mue en conseil pour des lendemains sains**

**Elle est majestueuse tant les deux cents ans pour sa construction sont nains**

**Quand on sait qu'elle tient la vedette pour huit cent cinquante ans**

**Recevant visites du profane et du sacré religieux chrétien résistant**

**La vieille Dame de pierre est un hommage à tous les saints par la Mère**

**Sainte Marie, genèse de Jésus le Sauveur du monde en terre et en mer**

**Notre Dame de Paris, est sérénité malgré le chaos du monde et des siècles**

**La Sainte Famille prospère et nourrit les vocations en masse pour des siècles**

**Le champ social balisé par l'église Cathédrale symbolisant l'humanisme**

**Palliant manque d'école, d'hôpital, d'hospice, conciliant les âmes en prisme**

**Edifice religieux qui incarne la concorde des êtres face au tumulte du monde**

**Dépositaire d'un art gothique d'une grandiloquence ; bonté qui abonde**

**Elle est la domiciliation des intérêts, de la conciliation en toute moralité**

**Notre-Dame demeure un vrai espace marqué par une invincible unité**

**Elle est le génie culturel du christianisme, un pan de l'histoire de France**

**Elle arrête la fronde, l'effritement des valeurs pour asseoir avec clémence**

**Le règne du paradigme de la solidarité, prime les sapeurs par l'Europe**

**Un prix qui salue 'le combat courageux' duquel ils sont sortis héros pop**

**Voilà un précédent de bonheur dans la détresse et le ralliement de partis**

**Pour de nobles causes, comme celle du patrimoine symbole de Paris**

**Les croisades, avec leurs clivages prononcés, sont passées**

**Les affrontements tranchés, armés religieux sont dépassés**

**L'idéal qui demeure c'est la croisade pour les cœurs par les missionnaires**

**Ce joyau activant les rencontres et la profession de foi hors des monastères**

**Jusque dans les rues, sur les parvis de la Cathédrale, la croyance est mystère**

**La synergie d'action occulte les différences, l'œcuménique est un magistère**

**Le bonheur est un état d'âme, de plénitude, plein de sympathie**

**Il renforce la foi et galvanise partout et en tout une empathie**

**Les vitraux s'insèrent dans les symboles et renvoient à la sainteté**

**Tout en restant des œuvres d'art atemporelles cause de motricité**

**De plusieurs touristes de par le monde mais aussi pour la procession**

**De la couronne d'épine, morceau de croix, reliques sacrées de la passion**

**Plutôt sublimes par vénération aux propriétés miraculeuses, non grotesques**

**Tout cela est plaidoyer pour préserver ces pierres, l'architecture gothique**

**En vitrine fermée, deux cents autres trésors sont en fait de vraies reliques**

**Rappelant la passion du christ et la Sainte de Paris en cette mineure basilique**

## Bâtisseurs de Cathédrales

**Notre-Dame de Paris est un hommage aux tailleurs de pierre**

**Des bras valides qui construisent l'humanité tout en pierre**

**Ce sont les bâtisseurs d'édifices de pierre, génie de civilisation**

**Artistes, créatifs ils ont poursuivi un rêve, implémenté une vision**

**D'un monde d'explorateurs, bâtisseurs de Cathédrales, de châteaux forts**

**Leur empreinte superbe se pérennise au-delà des vagues pour de beaux forts**

**Ils refont le monde dans des schémas esthétiques de vie pour la relève**

**Taillant, installant pierre sur pierre pour récréer le paradis, par la sève**

**Qui irrigue les veines du changement, du futur ; une métamorphose**

**Par de nouveaux horizons l'âme de la créativité se pose en hypnose**

**Sur des terres incultes qui s'extasient sous les mains de maîtres**

**Tailleurs de pierre, verriers, bûcherons, forgerons sous les hêtres**

**Ce patrimoine mondial gigantesque chante le génie humain, sa générosité**

**Sculpteurs de passion, de vie et d'avenir voici que vos œuvres de beauté**

**S'inscrivent en l'éternité, ressuscitant ces bâtiments, ces mémoires de pierre**

**Sur les ailes d'une désinence de sagesse qui transcende les ans, les ères**

**Ils sont 'Maçons Anciens' imbus du secret de tailler et bâtir par symboles**

**La sociabilité sélective s'incruste dans les rites et ses différentes oboles**

**Moi, je vois et j'admire l'abnégation dans l'effort et dans l'espoir de l'humanité**

**Bâtir des édifices narguant les siècles, imposant des séries de vie en gaieté**

**Les voici bien partis en Nouvelle France ces Pelletier**

**Ils ont construit le monde à la suite de Jacques Cartier**

**Ils ont débarqué ces Carpentier dans ce Canada, maison de l'espoir**

**Cloutier, la connaissance ne se limite pas, la valeur se poétise en Gringoire**

**Et le descendant Bruno chante toujours 'Le Temps des Cathédrales'**

**Cette production se prête et se lit en métaphysique dramatique et radicale**

**Le développement tient ses promesses par le dévouement et rompt l'autarcie**

**Une fraternité universelle se tisse par voiliers, bâtisseurs de pierre et de vie**

**La loi s'institue pour le bien-être à enchère sociale magique et motrice**

**Qui fore l'inconnu pour répandre le savoir à dimension humaine créatrice**

**Au-delà des mers, la foi a vogué pour enraciner un anthropocentrisme**

**En relation interactionnelle, voici le fondement qui célèbre par prisme**

**La dynamique d'une valence de Dieu amour universel au nom de Notre-Dame**

**Qui conscientise aux dimensions culturelles d'un cosmos plein d'humanisme**

**L'odyssée des bâtisseurs est sacralité, par un compagnonnage sans hargne**

**Un sacerdoce libérateur glorifiant la vie par une fécondité qui témoigne**

**De la foi, un ministère ; par une militance lyrique que prise tant Angelil**

**Né à nouveau à ce monde neuf ; René créatif, égaye par Dion la grande île**

**Un temps au-delà de la rationalité humaine ; celle des passions et de la foi**

**Fraternelles ces gens pieuses ou laïques ont édifié des Cathédrales de foi**

**Pelletier sublime l'éducation pierre angulaire de vie, apprendre est ascension**

**Solveig met tout ça en musique pour les maçons ; le bonheur est construction**

**Au nom de la chrétienté analytique, la religion est un credo, sans inquiétude**

**Car elle héberge une Cour des Miracles post moderniste pour toute béatitude**

**A l'intention des touristes huit cents ans plus tard, des bandits aussi des fois**

**La cybernétique exalte la magie de l'ocre pierre à charpentes de bois**

**La pierre est assise, fondement de toute religiosité d'aujourd'hui et d'hier**

**Par le dur labeur dans la tolérance et la diversité des maîtres de pierre**

**Ils ont exploré le connu, bâti des Cathédrales de foi, d'art et levé le verre**

**Calice de la messe consacrant les dignes membres communautaires**

**En symbolisant la conquête de nouveaux horizons, enracinant leur prière**

**Plus loin, dans le cœur de nouveaux talents qui élèvent en pierre l'ère**

**Des découvertes ultimes qui changent l'univers du bien dont est tributaire**

**Le progrès, l'émergence des peuples qui apportent la vive lumière**

**La pierre c'est une culture du magique pour contrer la précarité délétère**

**Tailler la pierre est un sacre, 'prêtre de la création' de temples de prière**

**Il faut croire et faire ; donner le ton pour l'art bénéfique qui magnifie la pierre**

**Travaillant avec abnégation dans le cœur du futur immortel ; très fiers**

**Théâtre d'une survivance du Christ, Notre-Dame c'est le charme austère**

**Trônant hardiment ; chronique d'un monument iconique d'architectes d'hier**

**Pour la pérennité de la chrétienté, en œuvres de philanthropie**

**Il n'y a pas de limite à l'ambition de leur humaniste philosophie**

**Le travail se cristallise dans la pierre pour faire de l'édifice un objet d'art**

**Dans un besoin de spiritualité elle se singularise en richesse, rempart**

**Contre la dépravation des mœurs, pour l'étoile et le chic de la vie**

**Qui s'anime avec la messe et sonne la fin de la détresse en poésie**

**Emblème de l'art gothique, c'est le catholique oint par la tradition**

**Génie culturel du christianisme, c'est un rapport subtil à la religion**

**Notre-Dame est source de conversion mystique ; oxygène, comburante**

**Elle fait partie des monuments capitaux pour toute l'humanité vibrante**

**Même si sous la révolution elle fut entrepôt de vin ; ces pierres vivantes**

**Ce temple de la raison pourtant revint à ses anciennes amours saintes**

**Elle fait repenser tout le système symbolique de la vie sur terre en patience**

**Distille ses vérités bibliques pendant des siècles pénétrant les consciences**

Sanctionne les déviances par proverbes et l'exemplarité de la vie de Jésus

Elle extirpe la peur du système de représentation, alors qu'on veut Crésus

Pourtant la richesse proposée entre dans le système allégorique d'eau vive

Qui en boit n'aura plus soif et aura la vie éternelle et que l'âme à jamais vive

Bâtisseurs de Cathédrales, les signes lapidaires sont historicité

Ils rappellent le courage, la vigueur, le treuil et toute une sagacité

Cette Cathédrale Notre-Dame est moins du fanatisme ; plus une prophétique

D' « écrasons l'infâme » à la Voltaire, une religiosité culturelle et cathodique

Qui se nourrit d'historicité par une appropriation instructive, une magie de vie

Par une mobilisation mondiale hors du commun qui fait vraiment toute l'envie

Un engagement actif, sincère à travers les siècles par connexion synaptique

D'une mémoire motrice qui œuvre à consolider la chrétienté énigmatique

Réunie autour de l'eucharistie ; l'alerte à la religiosité est une communion

Qui fortifie le vivre-ensemble profane-religieux sur l'arène sociale, le gravillon

Le croyant est tolérant par essence, le voisin un alter ego qui fait foi en Christ

Le bien semble l'utopie, idéal invétéré 'au nom du père, du fils qui est Christ'

Le Saint-Esprit erre comme une âme en peine tant le mal s'infiltre partout

Soyons altruistes dans le cœur des tailleurs qui caressent l'éternité en tout

**Les Cantiques ont empreinte dans une Cathédrale qui soulève les passions**

**Huit cent cinquante ans plus tard et qui demande instamment restauration**

**Tailleur de pierre, héros de combats millénaires et de mythologie**

**Bâtisseur de l'immortalité par une philosophie raillant la léthargie**

**Que serait l'être humain sans ces incrusteurs de mémoire ?**

**Car sans logis l'être et le souvenir se perdent sans armoire**

**L'historicité suit les méandres de l'eau susceptible de se perdre en vagues**

**Dans un océan sans fond ou elle sèche nette pour devenir terrain vague**

**Où toute culture est vaine, pousse peu ou en épineux qui écorche quiconque**

**Veut rappeler en treillis les intrigues d'un édifice, une Cathédrale univoque**

**La pierre comme la Cathédrale sont synthèse grandiose**

**De l'art, de l'abnégation et de la dévotion en grande dose**

**Bâtisseurs de Cathédrales ; ils remplissent les joints qui unissent l'univers**

**Les expertises artisanes servent un idéal en synergie pour ériger sans travers**

**Des constructions nobles qui transcendent les intempéries et les ans**

**L'équipe signe les églises et Cathédrales aux vitraux si épatants**

**Des œuvres d'art de maîtres vitriers qui symbolisent les scènes**

**De la Bible et de la chrétienté en couleurs vivides, voilà la cène !**

**Architectes de vie à racines pérennes, le 'parlier' est transversalité**

**Pour que Babel n'advienne pas, de tout le système il règle l'activité**

**Maîtres de constructions grandioses, virtuoses bâtisseurs clé de voûte**

**D'urbanité prônant le travail collectif, support d'un talent qui envoûte**

**L'art de bâtir est une symbolique de l'imaginaire humain**

**Par la volonté d'ériger du beau, du solide pour ici et demain**

**La passion de la tribu des bâtisseurs a embelli le monde et la foi**

**Rejoignant sur les vitraux mentors des épisodes essentiels de foi**

**Rien de grand ne se fait sans passion ; culte, persévérance et ardeur**

**Celle des bâtisseurs est sans égal, auréolée de gloire et de ferveur**

# Feu

**Embrasée par l'incendie du 15 Avril 2019 d'un feu jailli**

**D'une étincelle, l'harmonie géométrique gothique a défailli**

**Notre-Dame s'est enflammée, le choc visuel du feu est commotion**

**C'était comme voir l'histoire de France brûler vive en grave motion**

**L'ignition se fit grand soleil du soir avec les parisiens ; il ne pâlit**

**Furieuse comme démente, la flamme a léché les vitrines, du délit**

**Partie des combles, voici la chronique fébrile d'un feu qui s'étend**

**Et tarde à répondre aux jets d'eau mais s'évanouit avec l'étang**

**Le feu fut combattu par le courage de quatre cents pompiers**

**Qui audacieusement avec la foule en prière ont contrôlé les enfers**

**Prières, émotion, optimisme sur la perspective de l'éteinte du feu**

**Mais la solidarité c'est de l'avenir qu'on susurre du parvis aux cieux**

**Avec force impulsion des réseaux sociaux tissant les interrelations**

**Le culturel devient universel par l'adoration à faculté de vénération**

**Bien que se disant athées ses formations structurelles à valeur endogène**

**De manière systématique se liguent autour de Notre-Dame sans peine**

**Avec une moralité privilégiant le bien qui unit l'horizon d'analyse religieuse**

Notre Dame sous-tend une mode éducative standardisée non obséquieuse

Les motifs fragmentés se colmatent dans une perspective consensuelle

Sanctuarisée, intouchable par les sombres idéologies sectaires spirituelles

Notre-Dame est un moteur de vie qui consolide jeunesse et vieillesse

Autour d'une vision claire et humaniste du monde conviant l'allégresse

Elle pense, intègre le changement par une disponibilité et une compréhension

C'est l'atteinte d'un idéal a priori magique rassembleuse sans prétention

De la mutation des schèmes culturels par optimisme humain au centre

Faisant de Notre-Dame le temple de la tolérance, de la vie ; son antre

La pertinence de sa prise en charge dote de convertibilité harmonieuse

Elle accepte une contingence qui la rend accessible à tous, savoureuse

Gauche, droite et centre avec des critères de convergence humaniste

L'idéal humain s'incarne dans un cosmopolitisme à continuum progressiste

Il s'agit d'une coexistence sans confrontation contradictoire sur la spiritualité

Qui actionne des démarches conjointes axées sur la complémentarité

Des messages de partenaires sociaux et gouvernementaux affluent à Macron

La compassion anime l'humanité, réchauffe le cœur même blessé d'un micron

D'autres passent par le ministère qui relie, à savoir le quai d'Orsay d'Yves

Où Le Drian reçoit dépêches, coups de fil ; tous vraiment sur le qui-vive

**Le message de la Reine Elisabeth est illustre soutien moral d'Angleterre**

**Ainsi, ont convergé vers Paris les loyautés décisives lénitives de toute la terre**

**Donald Trump comme dans toutes les joies et peines offre sa solidarité**

**Empathique, il exprime sa tristesse, sa peine pour la Dame de la spiritualité**

**Notre-Dame, mémoire réconciliante des peuples, conjonction de potentialités**

**Réussit à donner une plénitude de sens au feu destructeur par la cordialité**

**Voilà une démarche philosophique proximale qui rassure à l'heure**

**Au-delà des clivages et des dérives la vieille Dame ce sont des valeurs**

**Prisées par tout le monde soulignant du monde la 'sainte' complexité**

**Cependant mettant en dialogue sa commisération toute en beauté**

**Notre-Dame recherche une dignité qui revitalise, gère la co-résolution**

**Pour entreprendre les actes spirituels usuels et la grande restauration**

**Un leadership spirituel créant un équilibre moral à intelligibilité mutuelle**

**Avec une harmonisation transnationale qui occulte les différences usuelles**

**Notre-Dame, c'est une société multiculturelle et pluraliste non élitaire**

**Le Saint-Esprit parcourt les œuvres de bienfaisance, il est non-sectaire**

**C'est une anthologie réactualisée par la grâce baptismale, messiaque**

**D'actions de grâce, de baptême et de messe selon l'ecclésiastique**

**Les messianiques appels sur les cendres fumantes pour un engrenage**

**Celui de fonds pour la restauration d'une vieille Dame et de ses anges**

**Notre-Dame appartient à une iconographie diversifiée d'apôtres**

**De chimères qui chatouillent le toit de la vieille mère pas pleutre**

**L'antique Dame a vacillé mais résisté au feu et à l'eau des extincteurs**

**Elle distille les vérités qui édifient les consciences de tous les recteurs**

**Pour cela tout le monde était ému, tous ; le laïc et le confessionnel**

**Réunis au chevet de la vieille Dame de pierre pour un élan décisionnel**

**Quoi faire, quand le faire et les propriétaires de bois en ont offert**

**Des bois de charpentes encore debout dans les champs verts**

**Pour épauler la vieille Dame, l'aider à faire peau neuve au fond**

**Le monde apocritique a apporté de vraies réponses ; des dons**

**D'où le déferlement de largesses pour revoir revivre la matriarche**

**Partout on a psalmodié des textes religieux même de depuis l'arche**

**Partout on a redouté que les gargouilles narquoises ne soient douilles**

**Dans un feu mortifère d'une immense mélancolie qui engendrera rouille**

**Enserrant ainsi le cœur mais le feu éteint laisse l'espoir intact patenté**

**Notre Dame de Paris demeure l'interprétation rationnelle de la chrétienté**

**Dans Notre Dame, la symbolique scripturaire comporte la valeur humaine**

A transcendance unique depuis des siècles avec l'esprit de la bonne graine

En prière à Notre Dame, l'espérance lève la tête, s'accoude comme naguère

Pour mettre des couleurs à la triste réalité ; de nombreuses heures de prière

Elle est le choix primal pour interconnecter les nœuds d'amour sans guerre

Son adoration se fait à l'émotion, sans critérium ni sectarisme ; une foi unique

Le secret d'un tel éternel succès c'est qu'elle est assurément joyau artistique

Alors les touristes déferlent par le rayonnement d'un décor singulier

C'est la vierge du quatorzième siècle indemne pas même noircie hier

Notre-Dame a ses saints dont Père Verdier des premiers pour l'absolution

Des missions allant et venant de Rome à la Mère de Pierre de l'Assomption

Elle est une des clés du bien-être

Avant d'avoir, il faut d'abord être

Etre en Christ et dans la grâce de Dieu

Pour la paix et la tolérance en tout lieu

Alors, lieu de culte suprême Notre-Dame !

Tout le monde t'adore ad vitam aeternam !

**Les trésors de Notre Dame de Paris ne sont pas partis en flamme**

**Le feu n'a point été iconoclaste, il a préservé les perles de la Dame**

**Le coq retrouvé avec les reliques de Sainte-Geneviève et Saint-Denis**

**Et un fragment du diadème du Christ tous en protecteurs de Paris**

**Sont tous préservés avec seize statues de cuivre du joyau Gothique**

**Symbole de l'amour et de la ville ; Notre-Dame demeure la prophétique**

**De la concorde universelle par une espérance conservatrice de solidarité**

**Qui augure de dons et de bonté pour finir la restauration tout en beauté**

**Ainsi donc ; la couronne d'épine de Jésus rapportée par Saint Louis**

**Depuis le treizième siècle a échappé aux intempéries, au feu et luit**

**Avec les calices, les candélabres rappelant Jean Valjean, la charité**

**Font que nous ne désespérons jamais de l'humain ; de sa pure bonté**

**La rédemption permise par l'évêque Myriel en ajoutant aux objets dérobés**

**Les deux candélabres pour le rachat de l'âme du forçat de Faverolles snobé**

**De partout à cause d'un passé de misère enlaidi pour une baguette de pain**

**Pour des neveux au ventre creux et Jean ayant cherché de l'ouvrage en vain**

**Montre l'étendue de la béatitude et l'amour incommensurable pour l'être**

**Même le plus ignoble qui a droit au pardon rédempteur ; absolution d'apôtre**

**Dans les mots de Monseigneur : 'vous n'appartenez plus au mal mais au bien'**

**'C'est votre âme que je vous rachète' a dit le saint homme ; une bonté, le bien**

**Que Jean alias Monsieur Madeleine perpétuera à travers Fantine et Cosette**

**Le lexique des émotions a préservé les objets liturgiques pour la disette**

**De l'âme comme celle raidie et marquée au fer rouge par l'injustice**

**L'extrême ascèse, pour le perfectionnement spirituel sur le frontispice**

**Sont le sentiment qu'évoquent les reliques et nourrissent notre carrière**

**Le feu nous rappelle la fragilité de l'humain et la dignité que confère la prière**

**La communion convoie la chaleur mystérieuse qui ravive l'amour du prochain**

**Notre-Dame est une vérité ; par ses apôtres, ses gargouilles et toit de Saints**

**La religion est culture et altérité, elle joue un jeu majeur dans l'équilibre**

**Obérer n'est pas le propos de l'ingénierie spirituelle, le culte est vie libre**

**Il déleste plutôt des souffrances sans jamais accabler l'être de piété**

**On espère le feu rupture fécondatrice pour des perspectives de bonté**

**D'attaches novatrices d'une foi qui enraille la fabrique de la radicalisation**

**Tout sentiment poussé à l'extrême mène le monde à vau l'eau par dérision**

**Les identités plurielles ont besoin d'une dimension universelle pour de facto**

**S'intégrer dans une messe récréative solidariste parfois ludique criant haro**

**Sur la division émiettant les peuples et semant la discorde et la violence**

**Notre-Dame a vocation de paix et d'émotions intimes pour la délivrance**

**Semant un potentiel de confraternité tous azimuts pour la génération nouvelle**

**Ce qui est facteur de bonheur ; un feu mais qui réchauffe la vie ; sa manivelle**

# Flèche

**La flèche a vacillé et finalement est tombée**

**Elle est récupérable, le feu elle l'a regimbé**

**A 19h53, sous les yeux médusés de tous ; elle a oscillé et s'est effondrée**

**La boucle temporelle et les flammes ont eu raison de cette flèche sacrée**

**La ligne indicatrice de 93 mètres a quand même été après retrouvée**

**La flèche du sommet avec au cœur les symboles religieux est recouvrée**

**Restaurée, on lui montera bien sa flèche unique et symptomatique**

**D'une direction de l'émotion du monde pour le bien et l'éthique**

**La messe est communion pour s'affranchir de toutes les rancœurs**

**Et s'enrichir chacun de différences par l'union sacrée des cœurs**

**La grâce mystérieuse de Notre-Dame donne envie de gagner les âmes**

**Par humanisme convergeant, désintéressé qui vide la gangrène, les drames**

**La flèche avec cinq clochers en 1250 fut replacée par Viollet le Duc**

**Avec les douze apôtres afin que l'évangélisation ne reste caduque**

**Quatre évangélisateurs étaient sous la flèche avec Saint-Thomas**

**Tous en vert-de-gris ; icônes de la Jérusalem céleste par la Mama**

**Notre-Dame qui gère tout ce monde, véritable 'Paratonnerre spirituel'**

**Tous ces référents de la sainteté restent dans Paris ; son cœur culturel**

**Notre-Dame, trésor inépuisable de symboles sacrés et de géniales initiatives**

**Est supplique pour un puissant élan constructif pour de sures fidélités vives**

**Sacrifices à consentir par l'interpénétration de la foi que ne peut détruire**
**Maléfices ou basculement social car on est unanime pour tous la construire**

**Saisir les bellicistes, crapules de la loi religieuse par le sermon et l'exemplarité**

**Afin que tous comblent les lacunes par une réflexion démultipliée avec célérité**

**L'ignorance est la première fautive, il faut être soi-même et curieux de l'autre**

**Jouer le registre de la bravoure pour aller à la rencontre de l'autre en apôtre**

**Selon l'optimisation de la valeur du prochain par une connivence qui perdure**

**Le charme hypnotique de la religiosité est espérance dans la détresse c'est sûr**

**Sublime, matérialise les rêves précisant les prières; chronique extraordinaire**

**Tout est fait dans l'optique d'unir, de séduire pour une foi vraie et solidaire**

## Millefeuilles de symboles

**Gardiens étranges des lieux**

**Providence des toits ; des cieux**

**Les gargouilles du toit de la Cathédrale se font surveillants de Notre-Dame**

**Ils revêtent des figures mythologiques effrayantes pour drainer flots et larmes**

**D'eau de pluie qui font de terribles bruits fléaux de la gueule des chimères**

**Ce club d'observateurs dissuasifs sauvé du feu parti des combles de la Mère**

**Des tonnes d'eau et l'appel aux effigies de l'imaginaire que de gargouillis**

**Un langage de dévotion et de fontaine qui devient art dans gueule de fouillis**

**Ils se créent un univers sur le toit qui révèle une rêverie solidaire pieuse**

**Qui recrée l'apocalypse pour garder la belle Dame de toutes ses pilleuses**

**C'est l'union sacrée contre les utopies de ce monde et ses tentations**

**Chimères protectrices de la ville, lumière guide et merveilles des nations**

**Ces monstres écaillés et animaux fabuleux sont entiers ou hybrides**

**Mais fermement vigiles aguerris ; ils fixent la ville et tiennent la bride**

**De la sécurité de Notre-Dame ; ces chimères uniques peuplent nos rêves**

**Et tracent le chemin de notre imaginaire pour des paysages de trêve**

**De la morne réalité du quotidien qui s'imbibe de légendaires brèves**

Toutefois galvanisent notre foi dans un élan énergétique menacent de grèves

Articulent la preuve que la voûte céleste les a placées depuis l'Assomption

Les anges du paradis en tango ; esquissent des airs de messe et d'évasion

Gargouilles audacieuses de voyages d'ouverture d'esprit et d'affiliation

On vous asperge d'eau bénite afin de vous voir lyrique en dévotion

Et le démon quitte le corps et l'âme pour habiter pourceaux en divagation

L'esprit de Dieu est puissant, celui de Christ refait le monde sans commotion

La paix de l'âme réveille l'intelligence et on suit alors Cyril Féraud

Qui ne manque jamais de faire coucou à Mamie Simone en héraut

De mots qui s'enclenchent pour instruire et divertir en trait - d'union

Entre les êtres qui fraternisent, se titillant, riant en ludique réunion

Lepers a passé le témoin à  Samuel Etienne et Questions Pour Un Champion

Est suivi partout en symbole de France même chez Kaz Yoshida au Japon

Il faut reconstruire, restaurer l'espace de fraternité et de mixité sociale

La foi c'est le mystère de la réincarnation, énigmatique avec la fête Pascale

La ferveur religieuse donne l'assurance de rédemption aux fidèles de l'ère

Elle donne du sens à cette quête inachevée qu'est la prière pour la lumière

L'offre est disponible à qui mieux-mieux perpétuelle, gratuite sans ultimatum

**S'offrir corps et âme à la foi, un élan d'adoration toujours sans momentum**

**Ces gargouilles voulaient sauver la Vieille Dame de la pluie ; corps et âme**

**La protéger du feu en ce 15 Avril ; elles sauvèrent aussi les saints de la Dame**

**Notre-Dame précieux héritage ; chacun fait un geste d'éternité**

**Le fruit d'un investissement oxygénant qui fait l'unanimité**

**La prière c'est la solution magique contre la vulnérabilité triviale**

**Elle est élan vital pour la confraternité et contre la rivalité sociale**

**Croire en Dieu captive par une sorte d'addiction au bien et à l'amour**

**Symboles qui humanisent et donnent la mesure de l'humain sans détour**

## Trois-cents chœurs pour Notre-Dame

**Trois-cents chœurs réunis pour Notre Dame de Paris**

**Pour sa restauration ils ont chanté tous et tenu le pari**

**De ré enchanter la vie à travers l'engouement pour restaurer la vieille Dame**

**Niclo a chanté 'Le Temps des Cathédrales' de Pelletier pour Notre-Dame**

**Le monde s'élevant jusqu'au firmament par l'œuvre de bâtisseurs de charme**

**La musique est prédicatrice, elle adoucit la vie en idéal qui survit au drame**

**S'établissant dans le cœur Parisien en purificatrice, la mélodie sans arme**

**Est le tréfonds des êtres ; dans la pierre elle inscrit l'histoire lyrique de l'âme**

**Slimane prie le Seigneur pour cette Dame et dit 'Quand on n'a que l'amour'**

**C'est assez alors qu'Angélique Kidjo elle ; proclame deux amours**

**Son cœur ravi pour son pays et Paris où trône fièrement la Madonna**

**En hommage pour Notre-Dame de Paris, tout le monde donna**

**Son cœur, sa voix et son obole afin qu'elle revive et sanctifie**

**En amplitude d'amour et de religiosité, un art de vivre ; un défi**

**Comme le dit si bien Goldman 'On ira' 'au bout de nos rêves'**

**Pour la restauration de la vieille Dame et cela sans aucune trêve**

**Également Pascal Obispo comme tout le monde 'est tombé pour elle'**

**Pour Notre-Dame, forêt et argent ; tout le monde a fait don et de voix pour elle**

**Cette union, c'est 'le meilleur des mélanges', un amour millésimé, excellent**

**Pour la restauration de Notre-Dame, une communion valorisée 'Sous le Vent'**

**D'une Eglise qui raccorde les cœurs, sublime les distances pour l'harmonie**

**Elle vole haut par la grande voile éthérée de la foi céleste qui vogue et réunit**

**Alors l'orchestre philharmonique de Vienne et Capuçon**

**De convier à la 'Méditation de Thaïs' en donnant l'espace à une leçon**

**De secours, de charité qui ferme la porte à l'égoïsme pour plus de prière**

**Un espace galactique, une nuit de voix solennelle de chœurs beaux et fiers**

**L'orchestre National de France, la Maîtrise et le Chœur de Radio-France**

**Distillent la mélodie douce 'Dans la passion selon Saint-Mathieu'**

**Anggun appelle à 'Vivre d'Amour' à la Sainte-Thérèse de Lisieux**

**'Vivre d'amour c'est donner sans mesure'**

**Un rappel et réveil de la foi sans démesure**

**Ces cœurs sont autant d'intelligence pour des connections**

**Scintillant pour la générosité des uns et des autres, des nations**

**Amel Bent dit qu'il faut restaurer la belle Dame même s'il faut 'viser la lune'**

**Rien ne fait peur aux chœurs qui ne veulent que le bien au-delà de la brune**

**'Le poing levé' tout le monde a chanté merveilleusement ; la main sur le cœur**

**La 'conscience au bout du fil' pour que restaurée s'élève la messe en chœur**

**Au sein de Notre Dame de Paris que tous glorifient**

**Patrimoine de l'humanité, à sa sainteté tous se fient**

**La chorégraphie est merveille pour les yeux et Pietragalla**

**Illustre cela très bien en chant pour cet impromptu gala**

**L'atmosphère onirique est sublime avec la Dame projetée en arrière-plan**

**L'oxymore qui vient à l'esprit 'incendie sans gravité' exige un nouveau plan**

**Pour que le spirituel accompagne le matériel ou le précède en toute chose**

**La Cathédrale est image symbole de la mère protectrice toute en prose**

**De par le monde ; mieux s'harmonisent les chansons pour atténuer la douleur**

**D'une perte momentanée de service et pour la restauration, unifier la clameur**

**Pour lisser les cœurs et les chœurs et camoufler la rougeur**

**Des yeux bouffis par les larmes qui ont vu la fumée ; sa noirceur**

**'Parodies, caricatures', chacun a donné de soi pour la vieille Dame**

**Chacun chante avec cœur et en chœur pour faire sanctuaire à l'âme**

**De la Vierge Marie à laquelle est dédiée la merveilleuse mini basilique**

**Pour essaimer dans l'air du temps la religion en vénérant les reliques**

**Ainsi, comme d'une vieille connaissance certains en ont versé des larmes**

**Qui s'aime ne hait pas les autres ; dit l'adage et apôtres, armée sans armes**

**La 'femme fatale' du 15 Avril c'est Notre Dame réunissant toute la spiritualité**

**De Bern à Sophie, tout le monde avait les yeux tournés vers la Dame en réalité**

**La comédie musicale a su en chœur recréer à partir du feu ; l'amour**

**Ce n'est pas le cœur qui leur manque et personne ne restera sourd**

**A l'appel de la chanson en solo ou en chœur, au-delà du charivari**

**La mélodie a sonné la cohésion autour de la belle Dame du fatal lundi**

**Pour être rassuré que le sanctuaire sera restauré et officiera en mère**

**Comme la protectrice, consolatrice contre les sortilèges de la vie et l'amère**

**Les chérubins ont chanté avec Natasha St-Pier ; eux, très pieux dans l'âme**

**La crise incendiaire souleva volonté collective pour donner sens au drame**

**La dignité est recherchée par les pratiques émancipatrices du culturel**

**Pour des prières qui débordent des cœurs pour s'élever en chœur cultuel**

**Notre-Dame est catalytique dans une approche phatique religieuse**

**Qui déboute les relents d'intolérance hors de sa symbolisation prodigieuse**

**Qui rassemble et apaise les tensions de pèlerins pour un cercle vertueux**

**Tant la vie est vide quand on ne requinque point le spirituel faramineux**

**Notre Dame de Paris, c'est le sacerdoce ; une source de pouvoir sacré**

**Enigmatique, magnétique, attirant toutes les classes sociales et le nacré**

**Des attirails de visiteurs issus de partout pour la vénération et l'admiration**

**Par 'des yeux qui brillent' pour l'espoir ; c'est toute une auto-détermination**

**Notre-Dame au cœur d'un élan de solidarité dont sa réfection est tributaire**

**Elle s'impose d'évidence pour une concorde communicationnelle débonnaire**

**C'est une approche spéciale au désespoir qui réveille les liens et la charité**

**L'altruisme gagne les provisions essentielles pour les charpentes et priorité**

**Aux dons substantiels de fortunes et ceux non moins importants de la veuve**

**Qui donne comme dans la Bible plus que tous ; son tout avec passion neuve**

**Car Dieu s'inscrit dans son cœur et recroqueville les autres besoins**

**La foi gère les envies et la dévotion s'inscrit dans un écrin d'appoint**

**Pour d'autres, elle occupe le soubassement de la vie et soutient vraiment**

**Dans l'épreuve et la détresse, elle offre des plages de joie assurément**

**Les chœurs de Notre-Dame devenus orphelins par l'incendie**

**A l'église Saint-Sulpice chantent le saint Jeudi**

**Ils ont chanté pendant mille ans, nés dans la Cathédrale**

**Depuis le douzième siècle l'émotion à son summum personne ne râle**

**Néanmoins, des chanteuses vraiment très tristes se laissent aller aux larmes**

**Tout le monde espère comme la chorale provisoire orpheline des flammes**

**Restauration afin d'entendre le solfège des chœurs de la Maîtrise de la Dame**

**Ces ambassadeurs de la Cathédrale sillonneront le monde sans larmes**

**Pour que le souvenir d'échos musicaux de l'édifice millénaire, de ses gammes**

**Ravive la flamme du don pour activer la renaissance de la Vieille Dame**

**Et en filigrane, on entendra toujours Garou chanter 'Belle' cette Esmeralda**

**Lui qui joua si bien le bossu de Notre-Dame en Quasimodo et ses desiderata**

**Pas si nombreux sauf que prime le romantisme pour la gitane, un amour cœur**

**Pour une presque sœur dans le troque transformé en drame trépas de chœur**

**Une polyphonie pour une mort synchronisée qui n'épargne ni le laid ni la belle**

**Toute l'harmonie chantée s'est tue ; seul reste le cœur battant de Quasimodo**

**Qui se meurt à Montfaucon, avec dans les bras Agnès sans vie et sans mémo**

**La laideur, la beauté, l'intelligence, l'idiotie toutes ne sauvent guère**

**Tout semble désuet quand on veut ta peau sans sommation, en guerre**

**Quasimodo finit par rendre l'âme pour l'au-delà et avec Esmeralda s'évade**

**Le tumulte de cette vie qui ne vaut plus la peine d'être vécue sans sa travade**

# Notre Dame de Paris selon HUGO

**La Cathédrale Notre Dame recèle des trésors et des secrets**

**Comme le révèle Hugo dans une romance sans décrets**

**Les prêtres et les enfants de cœur prient pour l'âme, le paradis**

**Quasimodo est quasiment le commun des mortels, d'amour il vit**

**Avec ses difformités, il a un cœur d'or pour ses cloches et pour sa chérie**

**Ainsi, le soutient son amour pour Esmeralda, mais que Frollo aussi chérit**

**Fille qui s'est trouvée à la croisée des amours de trois car il y a bien Phoebus**

**Qui choisir du bossu de Notre-Dame, de Frollo ou du Capitaine Phoebus ?**

**Quasimodo n'est-il pas l'élu 'Pape des fous' ;**

**N'a-t-il pas convaincu même Clopin Trouillefou ?**

**Pour être roi éphémère d'une comédie sociale aux airs de dénonciation**

**Une passion pour la vie qui touche truands et mendiants sans délation**

**Les autres élisent partout en grande pompe la beauté**

**La laideur n'est-elle pas à célébrer autant en gaieté ?**

**La grande société procède à l'élection cyclique de ses rois et prélats**

**L'acceptation d'une convention sociale est liberté qui fait son majeur la**

**Celle des truands de la nycturie en fait autant pour l'hygiène émotionnelle**

**Entre contraintes et compromis du cognitif, le symbolisme renforce la réalité**

**Chaque espace d'évolution donne le primat à l'imaginaire pour sa solidité**

**Toute affirmation identitaire équivaut à une autre, marqueur sémantique**

**Le reflet ici est un miroir déformant d'une des deux réalités dichotomiques**

**Une cour fastueuse aux vices nombreux a besoin de fantasmes d'engagement**

**Une complicité raffinée 'voyou' qui se tisse entre les membres constamment**

**Même sourd, borgne, bossu, estropié le droit à l'amour subsiste**

**De jour, certains jouent l'imposture pour leur pitance et résistent**

**Au monde qui les veut sous son pied, la nuit ils créent leur cénacle**

**Se débarrassent alors de leurs tares et c'est la cour des miracles**

**C'est comme si par magie, tous ces déshérités ne souffraient plus de rien**

**N'en déplaise à Fleur de Lys, Esmeralda y devient princesse de bien**

**Repaire et palais de gueux, la cour des miracles enferme la misère**

**Et libère le faste, l'allégresse sans ridules ; les truands s'approprient l'aire**

**Y implantent leur théâtre le temps d'une illusion de prospérité**

**Et une infinité de possibles d'amour et de fortune avec célérité**

**Car à l'aube s'estompe la magie et leur sombre réel prend sa place**

**C'est le jour qui corrompt leur temps et ramène la difformité dégueulasse**

**Pour la farce amorcée par un déséquilibre social qui penche les hanches**

**Et munit de béquilles vectrices dans un monde qui déboute déchéance**

**La cour des miracles est un appel au rêve névrotique d'un univers injuste**

**Elle s'inscrit dans un droit à la liesse mais pas celui des nantis tout juste**

**On décrète la cour des miracles espace de 'non-droit' mais pour qui ?**

**Pour les riches du jour et renversant les normes de l'exclusion sans cambouis**

**Pour les nantis comme le gendarme Phoebus qui y a failli laisser sa peau**

**A la poursuite de 'la Esmeralda' et de sa chèvre Djali ; lui de Fleur le si beau**

**L'amour ouvre des espaces et créent des complicités dites anachroniques**

**Le grand vestiaire des 'innocents' honore l'âne de la Bible, ses chroniques**

**Fête des fous, des innocents, de l'âne, des diacres saouls, des connards !**

**Le Pape, évêque, abbé des fous ; des voyous de tout poil sont des veinards**

**Saturnales, la liesse populaire semble se foutre de l'opinion pénale**

**Elle est la parodie d'une vie de malingreux qui s'inscrit en faux au social**

**L'espace de non-droit est liberté protégée pour gueux et laissés pour compte**

**L'appartenance se tisse par d'autres critères dont on perd exprès le compte**

**Le règne des faux orphelins, faux soldats estropiés, capons qui l'aurait cru**

**Esmeralda est noblesse et l'espace du miracle, Phoebus devient l'élu**

**Pour une nuit de faste, la fée de la marginalité sociale induite par la pauvreté**

**Avec tous les farceurs sur Paris pour contrer la méchanceté de la précarité**

**Le vol, la prostitution et la mendicité sont une comédie sociale éternelle**

**Dont les fausses victimes, vrais martyrs du social veulent la vie toujours belle**

**Les émules de la cour des miracles connaissent l'ampleur du mal social**

**Leur ostracisme, ils savent comment l'exploiter ces pourfendeurs cigales**

**Ils recomposent le sens de la vie et tirent leur épingle du jeu de la marginalité**

**Leur sortilège contre le sort c'est l'animation spéciale nocturne sans banalité**

**Irruption arbitre de la Cathédrale Notre-Dame pour l'élection de Quasimodo**

**Nanti en adopté du Père Frollo, paria à cause de sa laideur de Komodo**

**L'Archidiacre voudrait que son fils Quasimodo kidnappe la gitane incognito**

**Instinct et désir intrinsèque ; le fils soumis tenta bien la rafle pour Père Frollo**

**L'amour de sa vie Esmeralda, Père qui ne s'émouvait pourtant pas**

**Pour les beaux yeux des belles, mais la gitane est grâce à chaque pas**

**Réveille la sensualité en tout être, prélat, capitaine et sonneur de cloches**

**Un état de grâce que chacun voudrait voir se pérenniser et qu'il coche**

**De Claude Frollo et de son protégé qui ne se damnerait pas pour la belle ?**

**Ainsi, la prière de l'Archidiacre Frollo c'est de se faire aimer d'Esmeralda**

**L'amour est émondeur des cimes, il égalise gueux, aristocrates et prélats**

**Comme 'des enfants qui viennent de naître' ils sont tous innocents**

**Leur place n'est-elle pas échangeable à profusion par l'indécent ?**

**Un destin qui donne à Paquette Quasimodo à la place d'Agnès**

**Agnès devient Esmeralda la bohémienne, une vie comme violon d'Ingres**

**D'une ville en émoi qui l'aime mais qui ne peut empêcher son sacrifice**

**Absurde comme tout car il n'y a qu'un chef d'accusation d'artifice**

**Les bohémiens ont pris Agnès et laissent le bossu à Paquette-la-Chantefleurie**

**Qui le dépose un mois plus tard sur le parvis de Notre-Dame dimanche fleurit**

**Un jour des innocents et adopté par Frollo ; des cloches, il devient sonneur**

**Ce qui ajouta à ses difformités la surdité mais cloîtré, un amour carillonneur**

**Le lie à Esmeralda dans un troc de destin bohémien qui se pâme**

**Un sort qui la ballote mais elle s'épanouit sur le parvis de Notre-Dame**

**Elle danse, prédit l'avenir et de sa fenêtre de la Cathédrale Frollo la regarde**

**Cette passion entraîne un choix cornélien entre Dieu et la gitane vagabonde**

**N'est-on pas enfant de ses éducateurs plus que celui de l'utérus ?**

**L'injustice finit de faire son lit quand Père Frollo poignarde Phoebus**

**Mais c'est Esmeralda ; celle qui est amoureuse de Phoebus qui est accusée**

**Sans enquête, sans jugement, elle est condamnée au gibet**

**Elle dite gitane, égyptienne qui a toujours fait l'objet de quolibets**

**La passion pour la gitane consume comme un feu le père et le fils adoptif**

**Pour les Quasimodo de ce monde, naître peut être un quasi-délit, punitif**

**Un destin qui enserre l'individu et le mène attaché à la potence**

**Ni la beauté bohémienne, ni la laideur n'est assez de décence**

**Ni l'intelligence ni l'imbécilité ne sauvent de la cruauté des êtres**

**Qui s'ingénient à tout polluer, tout spolier et ne cherchent pas à être**

**La haine passe où se faufile l'amour et la jalousie est sa cousine germaine**

**Fleur de Lys ne voudrait pas perdre son fiancé Phoebus Capitaine**

**Mais le cœur ne commande souvent pas dans quel autre plonger sa passion**

**Il n'est pas symétrique aux schémas socioculturels pour son affection**

**L'amour se distille par une alchimie qui édulcore les titres et la fortune**

**Bouleverse l'ordre en élisant pour le cœur même le 'Roi des Thunes'**

**La xénophobie arbitraire s'est imposée pour faire pendre 'la Esmeralda'**

**Despotique et amère, elle est 'préjugé' qui se méprend et pend ses enfants**

**En effet, Esmeralda est fille du pays, de Paquette ; volée par passants gitans**

**Et, pour être excessivement belle comme Quasimodo est laid**

**La foule est gérée par idées préconçues, des jugements tout faits !**

**Ce n'est pas qu'elle damnerait un saint, elle l'a déjà fait**

**L'Archidiacre est amoureux fou et cet amour rien n'y fait**

**Phoebus a sauvé la gitane du kidnapping du bossu mais pas du gibet**

**Par un symbolisme expressif, ce sont les truands qui viennent à sa rescousse**

Quasimodo méconnaît la solidarité des gueux et les combat, les repousse

Quand meurt Esmeralda sur la potence, de rage le bossu projette Frollo

Qui s'écrase et meurt aussi aux côtés de son amour comme un prolo

L'ordre est-il rétabli ? Non, voilà Phoebus de Chateaupers blessé pour Fleur

La bande de Trouillefou aura tout fait, ils ne se sont pas défilés par peur

Paquette reconnaît sa fille Agnès par le chausson dont elle a la demi-paire

Son amour s'avère inopérant, les sergents de police ont déjà leur affaire

Agnès c'est la dite gitane, bohémienne déjà condamnée par l'iniquité

Son amour retrouvé ; Chantefleurie ne peut la sauver de la vacuité

De ce vide juridique pour les déshérités, ces damnés de la société

Le meurtre n'est alors pas le fait de truands mais des maîtres de la cité

Drame sans fond ; sursis pour Phoebus poignardé qui en réchappe

Pourtant pas de justice pour la gitane, le gibet, l'injustice, la chape

D'une vie de bohème ; mort hideuse pour Frollo et Esmeralda l'agneau

D'un sacrifice sans faute, une vie qu'elle n'a pas choisie, elle qui donna l'eau

A Quasimodo quand il a subi le supplice du pilori ; lui l'élu bancal

D'ailleurs cet univers mendiant et cruel les a tous mis au pilori social

Gringoire le poète a raté son mystère, mais la mort gagne sur tous les fronts

L'intelligibilité du monde se perd dans les inconstances des êtres sans fonds

**La contingence de l'existence se fait souvent poreuse et se fanent les fleurs**

**La culture vigile de l'attitude se fait faucher l'avenir en secouant les fleurs**

**Fleur de lys, Paquette de Chantefleurie confrontées à un destin lâcheur**

**L'amour fêlé de Frollo fait refuser à la gitane l'asile de la basilique mineure**

**L'incompris prêtre l'abandonne à Paquette devenue 'dame au trou à rats'**

**La réciprocité optimise le potentiel d'amour, le légitimise, en fait jeu de fats**

**Sinon, chaque malheur, chaque désespoir est cas particulier ; une trajectoire**

**Qui s'amorce vers la lumière ou le néant sous diables ou anges du directoire**

**En effet, Quasimodo emporte le corps de Esmeralda et la serrant contre lui**

**Se laisse mourir de faim, tout à sa proie, à son amour attaché ; la vie l'a fui**

**L'angoisse est étrangère à un mal-être profond, elle est stoïque tel le sort**

**Une belle ne vaut-elle pas un laid dans l'échange et la similarité du sort ?**

**Acceptant le charme d'une mort non choisie, seul le bossu hèle le trépas**

**L'esprit est roi et il conditionne l'acceptation de la mission terrestre ici-bas**

**Notre-Dame de Paris aura vu naître et mourir un amour pur, inconditionnel**

**De deux vies kidnappées, inter changées, abandonnées à l'accidentel**

**D'un monde injuste qui ballote ses émules par une singularité gouailleuse**

**Il s'agit d'adorer la vie et d'y laisser son poinçon avant la mort railleuse**

## Foi libre

**Les réflexions cosmologiques meublent le monde**

**Signes d'intelligence et d'intérêt de l'individu pour l'onde**

**Pour plus que les besoins d'hygiène terre-à-terre, de danse**

**Délire d'ego, marque de sagesse et d'une certaine transcendance**

**L'idéal du quotidien c'est la tradition du chapelet et un peu d'audace**

**Les anges du cœur et de l'esprit tissent les mythes qui le mal agacent**

**Notre-Dame, cet immense 'livre de pierres' contemple Paris**

**Et accueille en son sein les ouailles de tout bord, un vrai pari**

**D'antan, Notre-Dame, livre écrit par Hugo la sauva de la destruction**

**Le feu renouvelle cet engouement exceptionnel pour sa rénovation**

**On ne vit pas d'eau seulement et de nourriture terrestre réelle**

**L'évolution des consciences signe le primat de la manne idéelle**

**Acquérir la foi, la murir est une question de subjectivation**

**Les vérités abstraites consolident le potentiel de fascination**

**La mémoire des expériences libres attire la foi et rejette le néant**

**Les racines racontent l'être des cimes de sa métaphysique céans**

**Infinitude d'une trajectoire déjà amorcée, trois dimensions cohabitent**

**Sommant d'élargir l'existant de spiritualité et d'atemporel qui inhibent**

**Jésus et Notre-Dame deviennent les médiateurs entre soi et soi-même**

**Entre soi et le monde par magnitude spirituelle et magnanimité de même**

**Dans une quête de sens qui se mue en désir profond de compréhension**

**D'un choc existentiel qui forge l'être résilient par l'amour, une direction**

**Qui ouvre à la vie comme un sésame en évitant le tragique de l'univers**

**Ralliant un moi constructeur à un autre accusateur ; surmoi et divers**

**C'est une ballade de lumière, de vie par la foi et ses objections de conscience**

**D'activation de la cognition qui appelle, convoite méthode d'une omniscience**

**L'ancrage spirituel est invisible mais elle raccorde à la vie, au savoir**

**Quand la foi fait partie du quotidien de l'être et vogue avec le devoir**

**L'Ascension est une conviction éthérée, un défi pour un cercle vertueux**

**Elle confère une liberté de l'âme qui s'élève par l'idéal chrétien en Dieu**

**Elle est plus qu'une illusion passagère mais recèle une valeur de résurrection**

**Conscience fondamentale d'une mission salvatrice transcendant la véridiction**

**Le monde ne présente souvent à l'être de foi que le dégoûtant côté**

**Celui de l'intolérance qui vrille la douleur au corps par mauvaiseté**

**Alors que pour la plupart, ce sont des Don Quichote à moulins à vent**

Ils ne tiendront pas commerce et se défileront bien avant l'avent

Mais bataillent nuit et jour contre leur propre angoisse, leur sombre ego

A qui la faute ? La volonté de toute puissance mine l'amitié-foi, tout de go

Celui de l'amour du prochain qui doit surpasser la haine à fondement ubuesque

L'indice de perspective veut que se ménage le plus faible de l'enfer dantesque

Entre polyvalence et flexibilité, la valence de l'être n'a point de jumelle

Elle est suprême de cette valorisation réelle et définitive depuis la mamelle

La nomenclature nouvelle se fond dans une culture du don de soi

Un combat de revitalisation sans maître et sans hégémonie sauf la foi

Le sens de la dignité est volonté sociale de promotion de l'être tous azimuts

Tout marginalisé est un manque de foi de tous envers la grâce qui se mut

Dans les sphères démunies en petite dose qui ne change rien sauf publicité

Alors que la défaveur s'incruste très loin dans le cœur et seul l'amour de cité

Peut la débusquer pour que l'être resplendisse le temps de sa vie sur terre

Sur un continuum de gaieté qui parodie le paradis et cela par la prière

L'univers de la foi est aussi une arène de combat et parfois de contestation

Contre le mal par une prière constante de Dieu pour ici et l'au-delà par l'action

La bonté, la magie d'une totalisation active du social qui passe par le prochain

Intériorisant une psychologie de l'entraide faisant de tout un chacun un saint

## Métaphysique du cœur

**Notre-Dame de Paris connaît la métaphysique du cœur**

**C'est l'intelligence que l'étincelle a allumée sans leurre**

**Même quand on ne voit pas l'Etat, elle assure l'unité psychologique**

**Représentant la foi, rêve de cohésion pour une éternité paradisiaque**

**Lors des grands évènements elle récrée la congrégation primordiale**

**Sauver un seul être équivaut à sauver l'humanité, ce qui est cordial**

**La clameur s'élève autour de l'incendie ; de Notre-Dame en feu**

**Tout le monde se bat pour trouver les ressources et ce n'est pas peu**

**L'exercice réflexif s'articule autour de sa renaissance par la restauration**

**Afin d'optimiser le potentiel d'apports pour un toilettage de résurrection**

**De ce sanctuaire marial qui est pierre angulaire de la foi**

**Elle contient l'angoisse des choses inachevées qui parfois**

**Vectrice d'une ballade qui ouvre à la vie, à l'église 'Corps du Christ'**

**Un espace d'amour et de dévotion ; un élan de liberté même en touriste**

**Enferme la solitude et libère l'être pour un culte dominical ressourçant**

**Cela engendre sérénité conférant de la tolérance contre le mal négociant**

**Qui se fraye un chemin vers le parvis pour deviser et faire des émules**

**On veut une société plus intégrée qui accueille chrétiens, laïcs et adule**

**Une affirmation identitaire unifiée, reflet d'une mutation à l'œuvre**

**Elle est signe d'attachement d'un idéal judéo-chrétien comme preuve**

**D'un langage, un dialogue social qui mondialise en témoin d'humanisme**

**Un signe d'attachement à la racine du rassemblement d'œcuménisme**

**Eglise de pierres, de poutres et de charpentes en bois**

**Elle n'est pas commerce qui connaît mévente des fois**

**Ou doit-on dire qu'elle est négoce plutôt spirituel**

**Dont le Vatican démontre le gout et l'attrait cultuel**

**Les diagonales sont sorcières et donnent le vertige**

**Quand on recherche souvent l'équilibre par une tige**

**La perpendiculaire est reflet de l'œil pour la stabilité**

**Le visage par l'élan vers le ciel parle de spiritualité**

**Sur le parvis, l'horizon c'est le bleuté des nuages**

**L'horizontal qui s'étale, une terre qui brûle les âges**

**Il escorte la ligne spirituelle difficile à suivre pour certains**

**C'est un horizon qui recule quand s'approche le malin**

**Il y a combinaison de sensations, d'émotions fortes**

**Par les images référentielles s'incrustant par les portes**

**Ce sont des monuments d'une mémoire qui a tout compris**

**L'original et le pastiche s'insèrent dans le progrès par la liberté**

**Et la légèreté que confère la confession, un bien-être, une sérénité**

**Une réaction tendancielle qui porte à son paroxysme**

**Une foi cosmique hors du temps et de tous ses séismes**

**C'est un repos de l'âme quand on donne un sens à sa vie**

**On se rapporte à ses fins, à la recherche constante du paradis**

**La contingence de l'être consigne à la précarité**

**La religion ouvre pourtant la gloire de l'éternité**

**Même pour le neutron d'être par un avenir de prière de Dieu**

**Et le lieu adéquat est Notre-Dame de Paris, un choix pieux**

**Vivre sa foi afin de mieux préparer son au-delà est une offre**

**Notre-Dame est une icône dans la rivière du temps ; un coffre**

**Qui contient les trésors d'une chrétienté qui depuis Saint Pierre**

**A ajouté la pierre à la pierre pour construire foi et édifices de pierre**

# BIBLIOGRAPHIE

**Hugo, V. (1975). Notre-Dame de Paris. Paris : Poche**

**Hugo, V. (2001). Les Misérables. Paris : Gallimard**

Printed by Books on Demand GmbH, Norderstedt / Germany